Impressum
Verlag: BABADADA GmbH, Nedderfeld 112 , 22529 Hamburg
Geschäftsführer / Verlagsleitung: Harald Hof
Druck: Books on Demand GmbH, In de Tarpen 42, 22848 Norderstedt

Imprint
Publisher: BABADADA GmbH, Nedderfeld 112 , 22529 Hamburg, Germany
Managing Director / Publishing direction: Harald Hof
Print: Books on Demand GmbH, In de Tarpen 42, 22848 Norderstedt, Germany

škola

школа

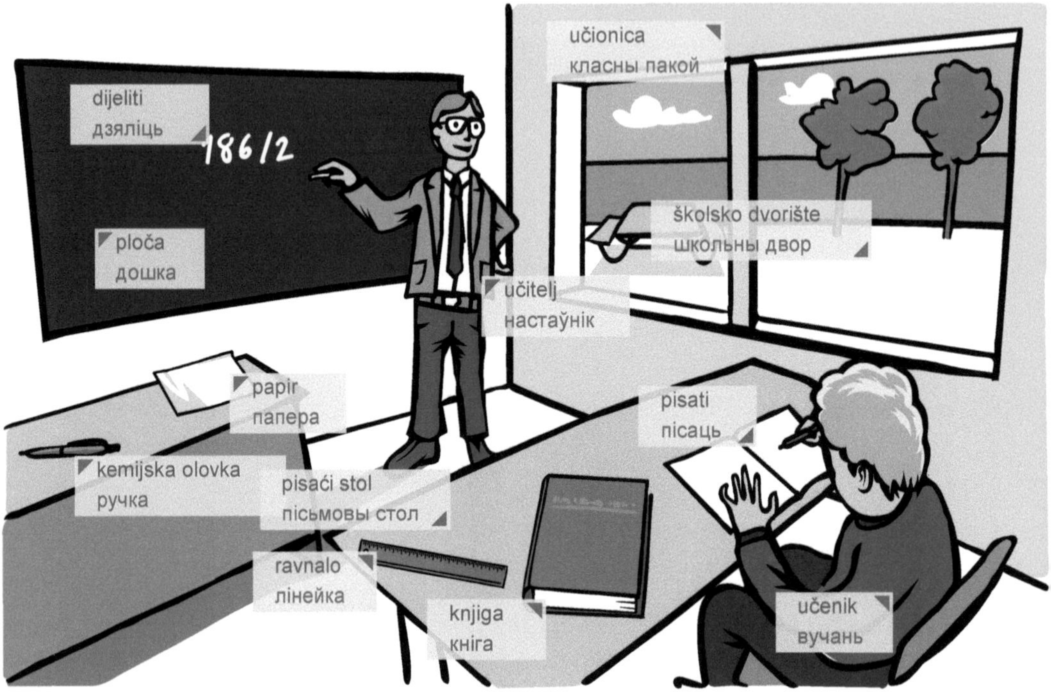

učionica
класны пакой
dijeliti
дзяліць
186/2
ploča
дошка
školsko dvorište
школьны двор
učitelj
настаўнік
papir
папера
pisati
пісаць
kemijska olovka
ручка
pisaći stol
пісьмовы стол
ravnalo
лінейка
knjiga
кніга
učenik
вучань

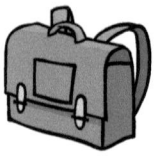

torba

ранец

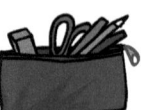

pernica

пенал

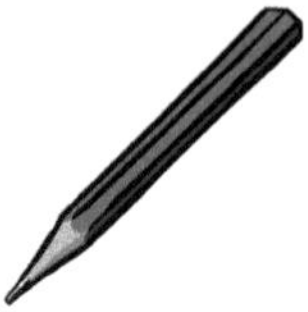

grafitna olovka

просты аловак

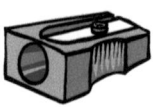

šiljilo za olovke

тачылка для алоўкаў

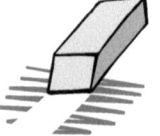

gumica za brisanje

гумка

blok za crtanje

альбом для малявання

crtež

малюнак

kist

пэндзлік

kutija s bojama

фарбы

makaze

нажніцы

ljepilo

клей

bilježnica

сшытак

domaći zadatak

хатняе заданне

broj

лік

sabirati

дадаваць

oduzimati

адымаць

množiti

множыць

računati

лічыць

slovo

літара

abeceda

алфавіт

rječ

слова

tekst
тэкст

čitati
чытаць

kreda
крэйда

sat
ўрок

dnevnik
класны журнал

ispit
экзамен

svjedodžba
атэстат

školska uniforma
школьная форма

obrazovanje
адукацыя

leksikon
энцыклапедыя

sveučilište
універсітэт

mikroskop
мікраскоп

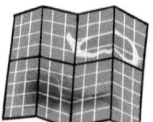

karta
карта

košara za papir
смеццевы кошык

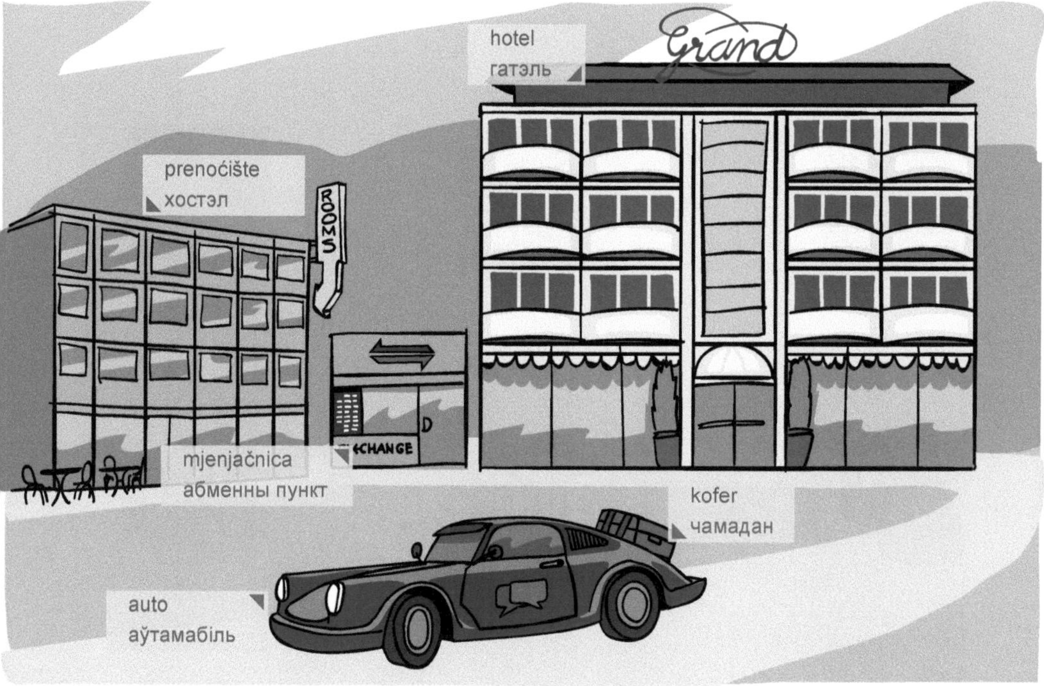

hotel
гатэль

prenoćište
хостэл

mjenjačnica
абменны пункт

kofer
чамадан

auto
аўтамабіль

jezik
мова

da / ne
так / не

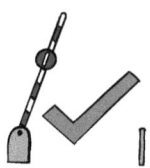

okay
добра

zdravo
прывітанне!

prevoditelj
перекладчык

hvala
дзякуй

Koliko košta...?

Колькі каштуе....?

ne razumijem

я не разумею

problem

праблема

dobro veče!

Добры вечар!

Dobro jutro!

Добрай раніцы!

Laku noć!

Дабранач!

doviđenja

да пабачэння

smjer

кірунак

prtljaga

багаж

torba

сумка

ruksak

заплечнік

gost

госць

soba

пакой

vreća za spavanje

спальны мяшок

šator

палатка

turistička informacije

інфармацыя для турыстаў

plaža

пляж

kreditna kartica

крэдытная картка

doručak

снеданне

ručak

абед

večera

вячэра

karta za vožnju

праязны білет

dizalo

ліфт

poštanska markica

паштовая марка

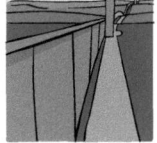

granica

мяжа

carina

мытня

ambasada

пасольства

viza

віза

putovnica

пашпарт

transport

транспарт

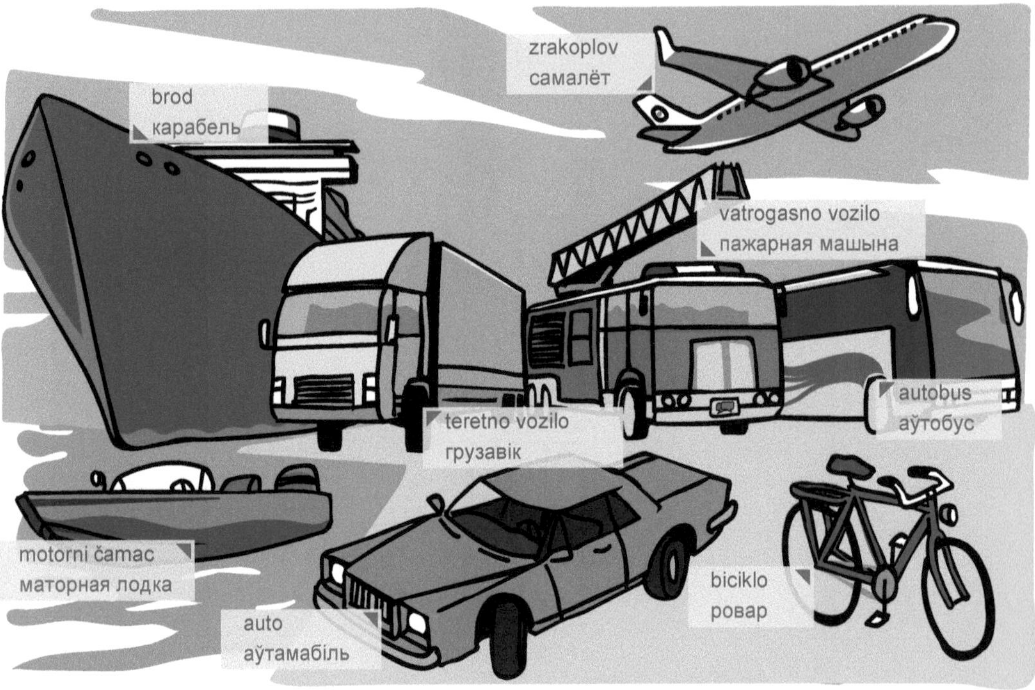

zrakoplov
самалёт
brod
карабель
vatrogasno vozilo
пажарная машына
autobus
аўтобус
teretno vozilo
грузавік
motorni čamac
маторная лодка
biciklo
ровар
auto
аўтамабіль

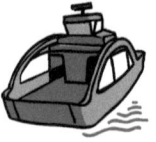

trajekt

паром

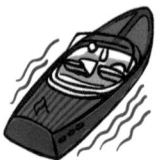

čamac

лодка

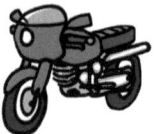

motocikl

матацыкл

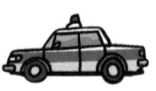

policijski auto

паліцэйская машына

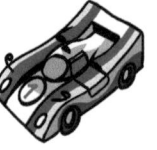

trkaći auto

гоначны аўтамабіль

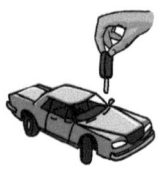

iznajmljeno auto

арэндаваны аўтамабіль

dijeljenje automobila

сумеснае карыстанне аўтамабілем

vučno vozilo

эвакуатар

vozilo za odvoz smeća

смеццявоз

motor

матор

benzin

паліва

benzinska postaja

запраўка

prometni znak

дарожны знак

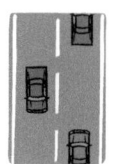

promet

дарожны рух

zastoj

затор

parkiralište

паркоўка

kolodvor

чыгуначная станцыя

šine

рэйкі

vlak

цягнік

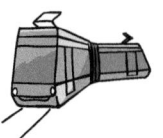

tramvaj

трамвай

vagon

вагон

helikopter

верталёт

zrakoplovna luka

аэрапорт

toranj

вежа

putnik

пасажыр

kontejner

кантэйнер

karton

кардонная скрыня

kolica

тачка

košara

карзіна

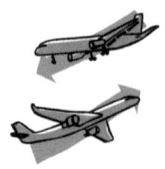

uzletjeti / sletjeti

ўзлятаць / прызямляцца

grad

горад

selo

вёска

centar grada

цэнтр горада

kuća

дом

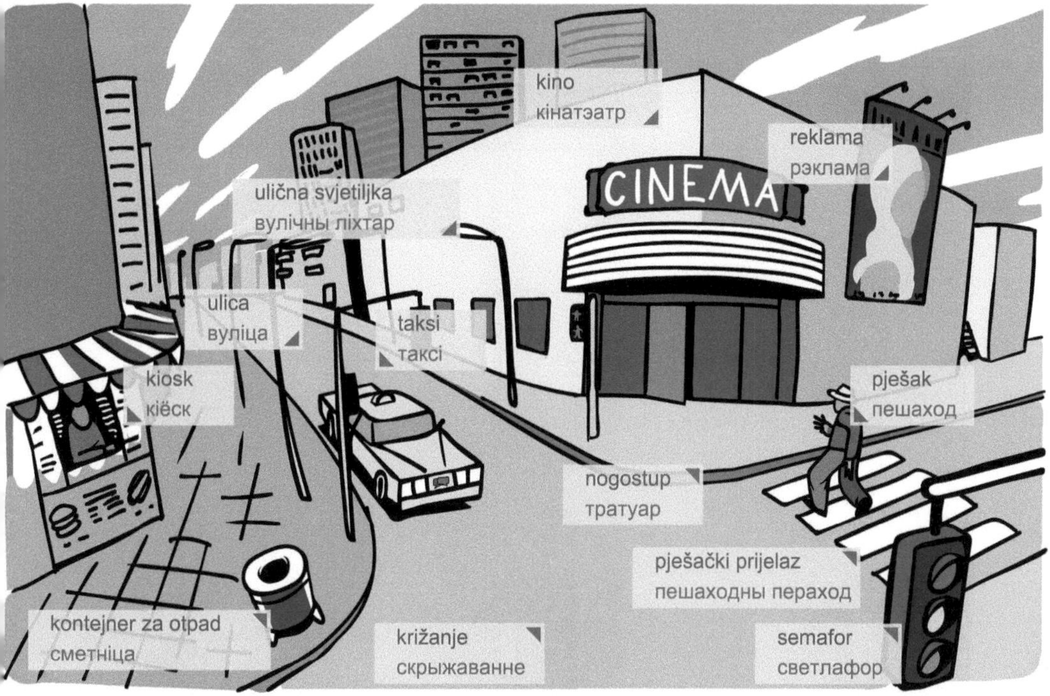

kino
кінатэатр

reklama
рэклама

ulična svjetiljka
вулічны ліхтар

ulica
вуліца

taksi
таксі

kiosk
кіёск

pješak
пешаход

nogostup
тратуар

pješački prijelaz
пешаходны пераход

kontejner za otpad
сметніца

križanje
скрыжаванне

semafor
светлафор

CINEMA

koliba

халупа

stan

кватэра

kolodvor

чыгуначная станцыя

vijećnica

ратуша

muzej

музей

škola

школа

sveučilište

універсітэт

banka

банк

bolnica

шпіталь

hotel

гатэль

ljekarna

аптэка

ured

офіс

knjižara

кнігарня

prodavaonica

крама

cvjećara

кветкавая крама

supermarket

супермаркет

trg

кірмаш

robna kuća

універмаг

ribarnica

рыбная крама

trgovački centar

гандлевы цэнтр

luka

порт

park

парк

klupa

лава

most

мост

stepenice

лесвіца

podzemna željeznica

метро

tunel

тунэль

autobusna stanica

прыпынак

bar

бар

restoran

рэстаран

poštansko sanduče

паштовая скрыня

ulični znak

вулічны паказальнік

parkirni sat

паркамат

zoološki vrt

заапарк

bazen

басейн

džamija

мячэць

seosko gazdinstvo

сядзіба

zagađenje okoliša

забруджванне
навакольнага асяроддзя

groblje

могілкі

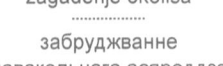

crkva

царква

igralište

пляцоўка для гульні

hram

храм

krajolik

краявід

list
ліст

putokaz
паказальнік

put
дарога

livada
луг

kamen
камень

drvo
дрэва

šetač
падарожнік

rijeka
рака

trava
трава

cvijet
кветка

dolina

даліна

planina

гара

jezero

возера

šuma

лес

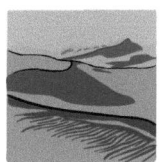

pustinja

пустыня

vulkan

вулкан

dvorac

замак

duga

вясёлка

gljiva

грыб

palma

пальма

moskito

камар

muha

муха

mrav

мурашка

pčela

пчала

pauk

павук

buba

жук

žaba

жаба

vjeverica

вавёрка

jež

вожык

zec

заяц

sova

сава

ptica

птушка

labud

лебедзь

divlja svinja

дзік

jelen

алень

los

лось

nasip

плаціна

vjetrenjača

вятрак

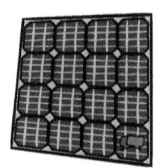

solarna ploča

сонечная батарэя

klima

клімат

restoran
рэстаран

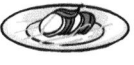

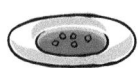

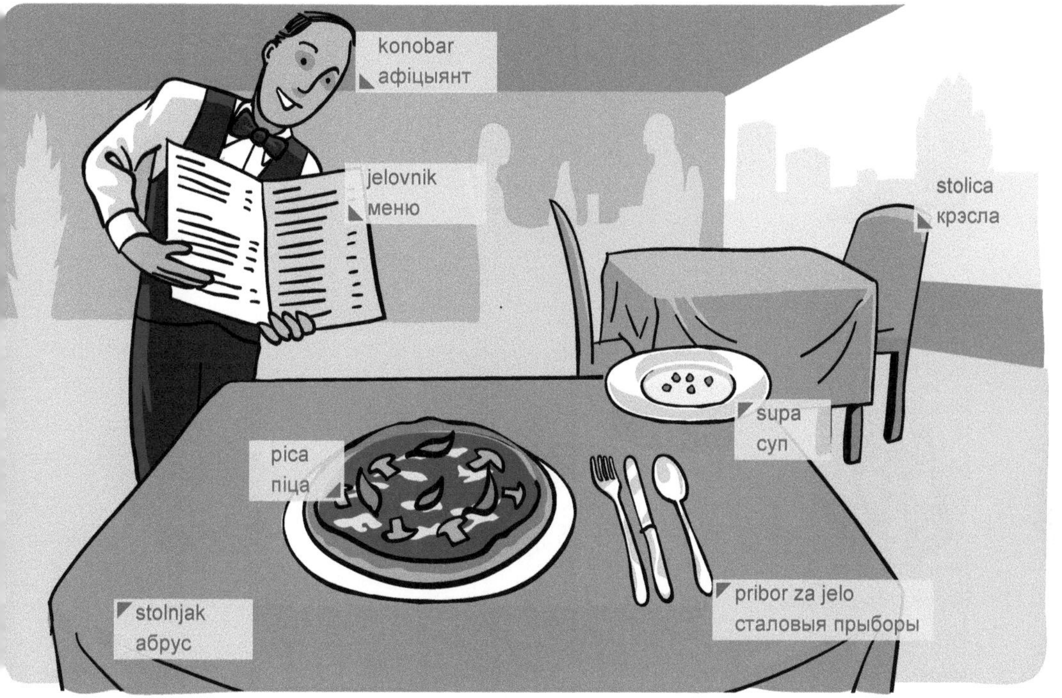
konobar
афіцыянт
jelovnik
меню
stolica
крэсла
supa
суп
pica
піца
stolnjak
абрус
pribor za jelo
сталовыя прыборы

predjelo

закуска

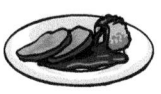

glavno jelo

другая страва

desert

дэсерт

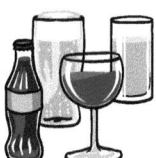

napitci

напоі

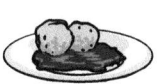

jelo

ежа

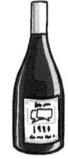

boca

бутэлька

fastfood

хуткае харчаванне (фаст-
фуд)

imbis hrana

стрыт-фуд

čajnik

імбрык (чайнік)

doza za šećer

цукарніца

porcija

порцыя

aparat za espresso

эспрэса-машына

visoka stolica

дзіцячае крэселка

račun

рахунак

pladanj

паднос

nož

нож

vilica

відэлец

žlica

лыжка

čajna žlica

чайная лыжка

ubrus

сурвэтка

čaša

шклянка

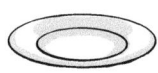

tanjur

талерка

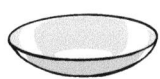

tanjur za supu

супавая талерка

tanjurić

сподак

sos

соус

soljenka

сальніца

mlin za biber

млынок для перцу

ocat

воцат

ulje

алей

začini

спецыі

kečap

кетчуп

senf

гарчыца

majoneza

маянэз

supermarket

супермаркет

ponuda
акцыя
FOR
kupac
пакупнік
mliječni proizvodi
малочныя прадукты
voće
садавіна
kolica za kupnju
вазок

BUTCHERS

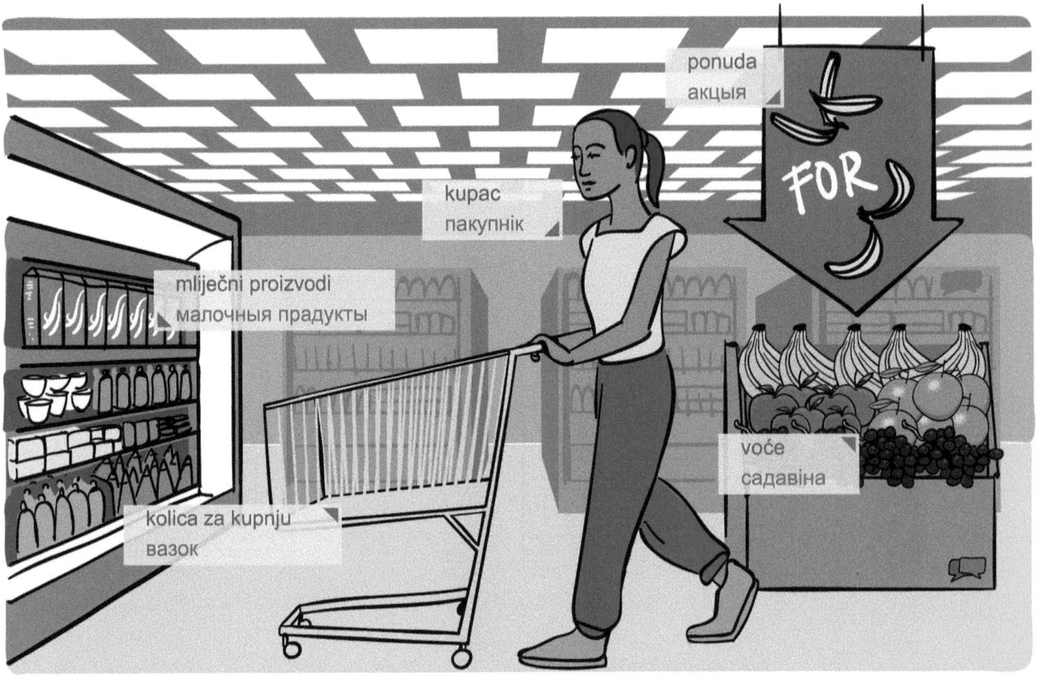

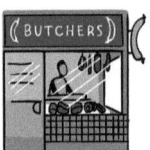

mesnica

мясная крама

BAKERY

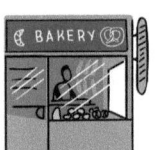

pekarnica

хлебны магазін

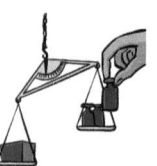

vagati

важыць

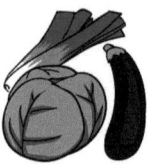

povrće

гароднiна

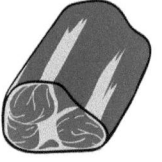

meso

мяса

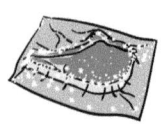

duboko smrznuta hrana

свежазамарожаныя прадукты

narezak

нарэзка

konzerve

кансервы

sredstvo za pranje

пральны парашок

slatkiši

прысмакі

artikli za domaćinstvo

хатнія прылады

sredstva za čišćenje

чысцячы сродак

prodavačica

прадавец

blagajna

каса

blagajnik

касір

lista za kupnju

спіс пакупак

vrijeme rada

гадзіны працы

novčanik

бумажнік

kreditna kartica

крэдытная картка

torba

сумка

plastična vrećica

пакет

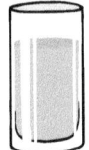

voda

вада

sok

сок

mlijeko

малако

cola

кола

vino

віно

pivo

піва

alkohol

алкаголь

kakao

какава

čaj

гарбата (чай)

kava

кава

espresso

эспрэса

cappuccino

капучына

banana

банан

jabuka

яблык

naranča

апельсін

lubenica

дыня

limun

лімон

mrkva

морква

češnjak

часнок

bambus

бамбук

luk

цыбуля

gljiva

грыб

orašasti plodovi

арэхі

rezanci

локшына

špagete

спагеці

riža

рыс

salata

салата

pomfrit

бульба фры

pečeni krumpir

смажаная бульба

pica

піца

hamburger

гамбургер

sendvič

бутэрброд

šnicla

шніцаль

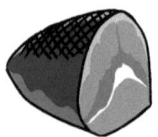

pršut

вяндліна

salama

салямі

kobasica

каўбаса

kokoš

курыца

pečenje

смажаніна

riba

рыбак

zobene pahuljice

аўсяныя камякі

musli

мюслі

kukuruzne pahuljice

кукурузныя шматкі

brašno

мука

roščić

круасан

pecivo

булачка

kruh

хлеб

toast

тост

keksi

пячэнне

maslac

масла

svježi sir

тварог

kolač

пірог

jaje

яйка

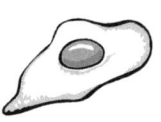

jaje na oko

яечня

sir

сыр

sladoled

марожанае

šećer

цукар

med

мёд

marmelada

варэнне

nugat krema

нуга

curry

кары

seosko gazdinstvo

сядзіба

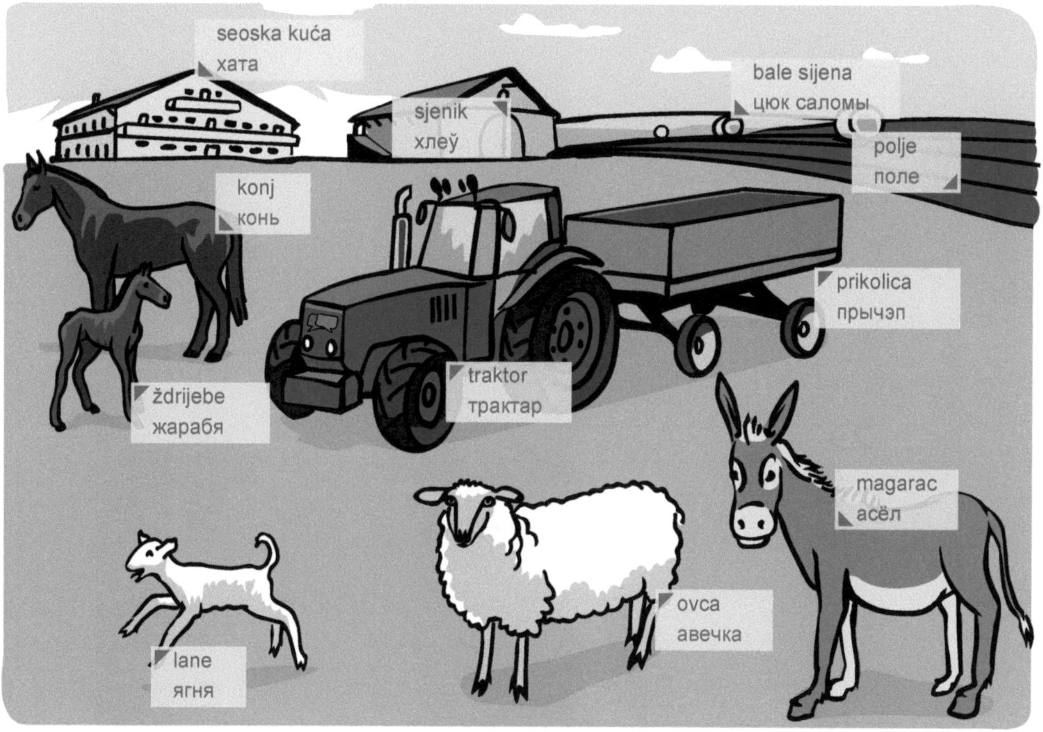
seoska kuća
хата
sjenik
хлеў
bale sijena
цюк саломы
polje
поле
konj
конь
prikolica
прычэп
traktor
трактар
ždrijebe
жарабя
magarac
асёл
ovca
авечка
lane
ягня

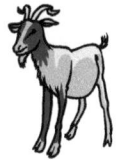

koza

каза

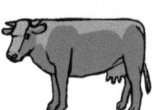

krava

карова

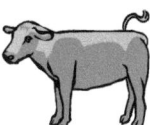

tele

цяля

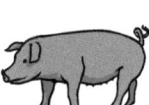

svinja

свіння

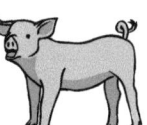

prase

парася

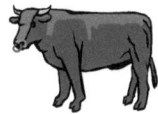

bik

бык

guska
гусак

patka
качка

pilići
кураня

kokoš
курыца

pijetao
певень

pacov
пацук

mačka
кот

miš
мыш

vol
вол

pas
сабака

kućica za psa
сабачая будка

vrtno crijevo
садовы шланг

kanta za polijevanje
палівачка

kosa
каса

plug
плуг

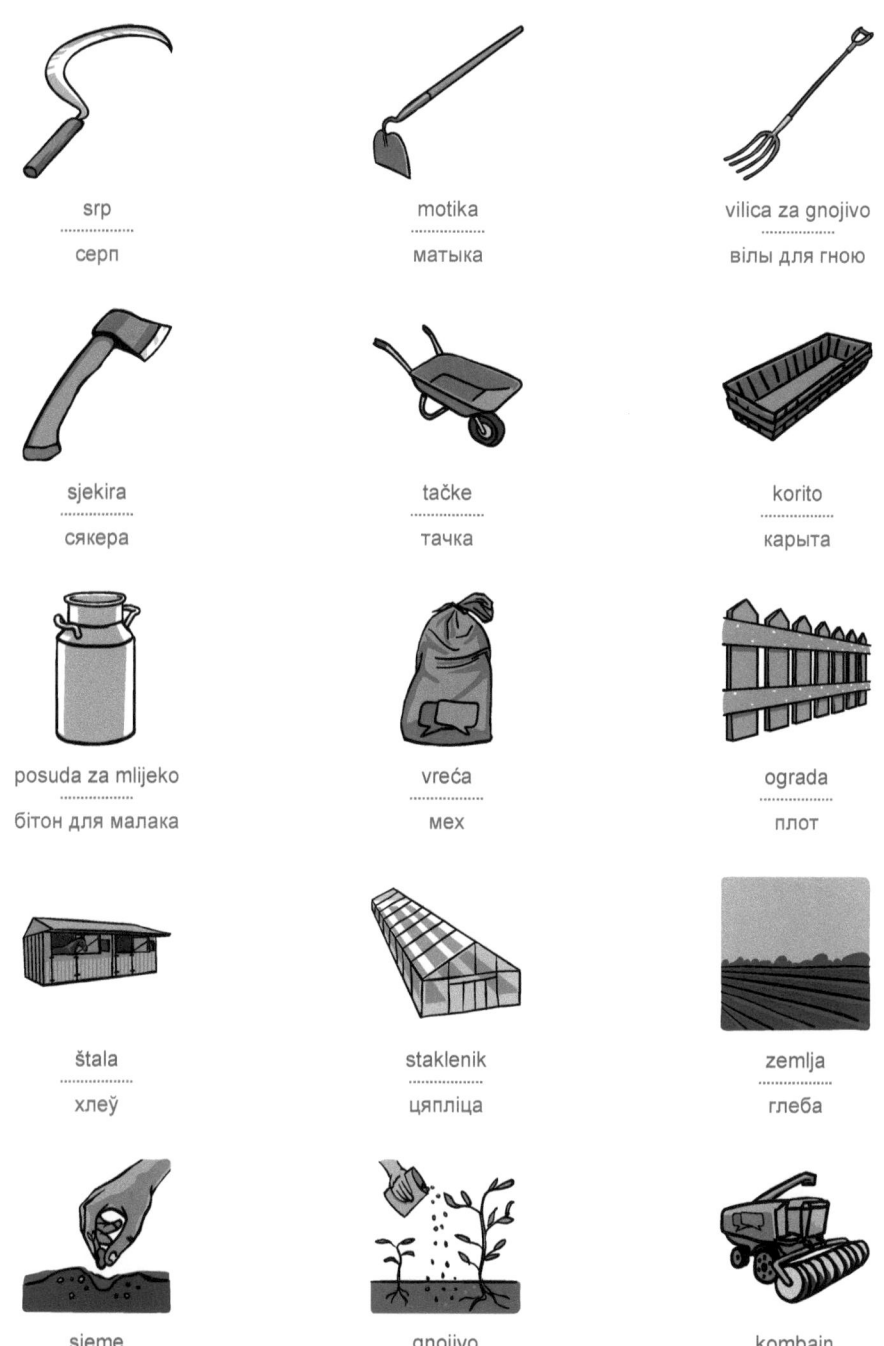

srp	motika	vilica za gnojivo
серп	матыка	вілы для гною

sjekira	tačke	korito
сякера	тачка	карыта

posuda za mlijeko	vreća	ograda
бітон для малака	мех	плот

štala	staklenik	zemlja
хлеў	цяпліца	глеба

sjeme	gnojivo	kombajn
насенне	угнаенне	камбайн

žanjati

збіраць ураджай

žetva

ураджай

yams začin

ямс

pšenica

пшаніца

soja

соя

krumpir

бульба

kukuruz

кукуруза

uljana repica

рапс

voćka

садовае дрэва

gomolj manioke

маніёк

žitarice

збожжа

kuća
дом

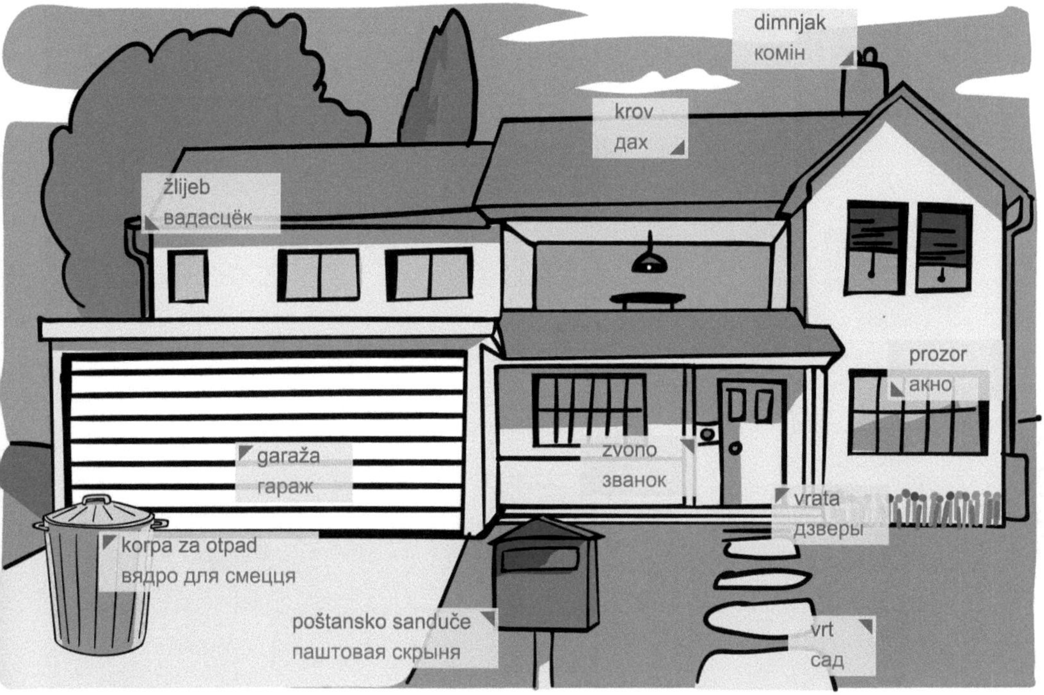

dimnjak
комін
krov
дах
žlijeb
вадасцёк
prozor
акно
garaža
гараж
zvono
званок
vrata
дзверы
korpa za otpad
вядро для смецця
poštansko sanduče
паштовая скрыня
vrt
сад

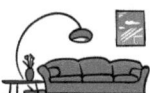

dnevna soba
жылы пакой

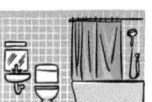

kupaonica
ванная

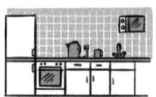

kuhinja
кухня

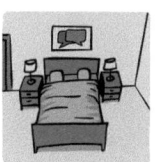

spavaća soba
спальны пакой

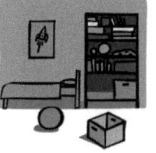

dječija soba
дзіцячы пакой

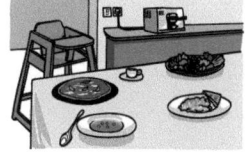

trpezarija
сталоўка

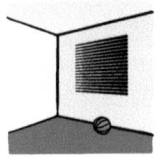

pod

падлога

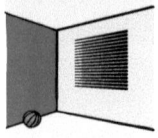

zid

сцяна

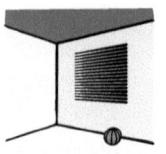

strop

столь

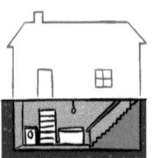

podrum

падвал

sauna

саўна

balkon

балкон

terasa

тэраса

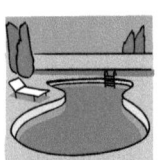

bazen

басейн

kosilica za travu

касілка

posteljina za krevet

падкоўдранік

deka za krevet

коўдра

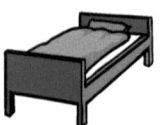

krevet

ложак

metla

венік

kanta

вядро

sklopka

выключальнік

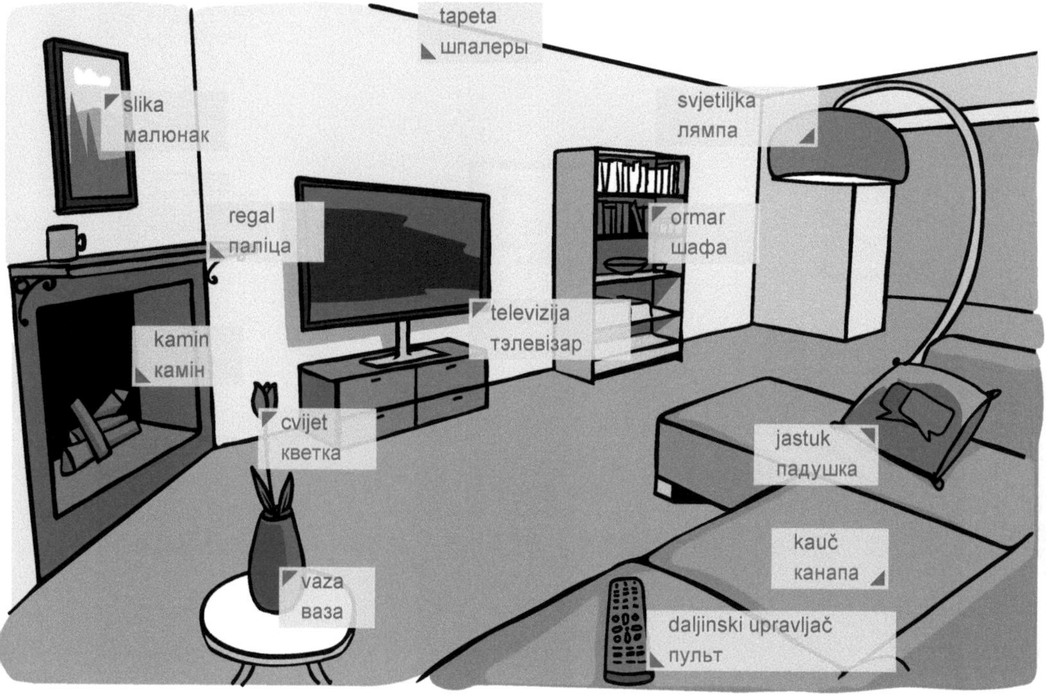

tapeta
шпалеры

slika
малюнак

svjetiljka
лямпа

regal
паліца

ormar
шафа

kamin
камін

televizija
тэлевізар

cvijet
кветка

jastuk
падушка

kauč
канапа

vaza
ваза

daljinski upravljač
пульт

tepih
дыван

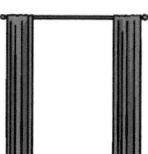

zavjesa
фіранка

stol
стол

stolica
крэсла

stolica za njihanje
крэсла-качалка

fotelja
крэсла

knjiga

кніга

deka

коўдра

dekoracija

дэкарацыя

drvo za ogrjev

дровы

film

кіно

stereo uređaj

стэрэасістэма

ključ

ключ

novine

газета

slika na platnu

карціна

poster

постар

radio

радыё

blok za pisanje

нататнік

usisavač

пыласос

kaktus

кактус

svijeća

свечка

kuhinja
кухня

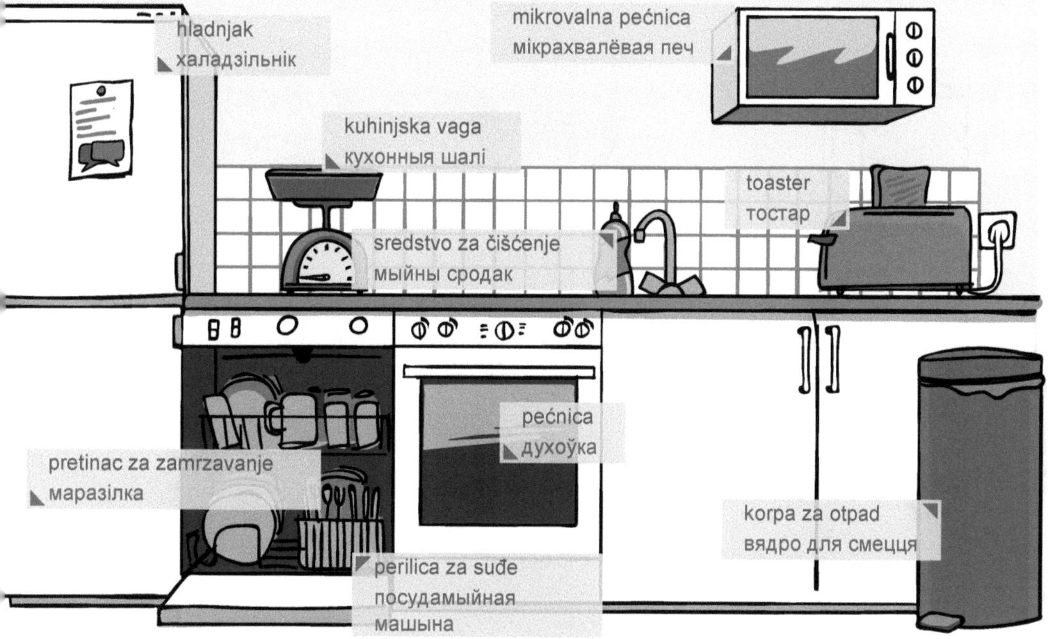
hladnjak
халадзільнік
mikrovalna pećnica
мікрахвалёвая печ
kuhinjska vaga
кухонныя шалі
toaster
тостар
sredstvo za čišćenje
мыйны сродак
pećnica
духоўка
pretinac za zamrzavanje
маразілка
korpa za otpad
вядро для смецця
perilica za suđe
посудамыйная
машына

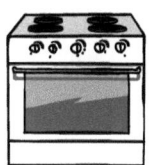

štednjak
пліта

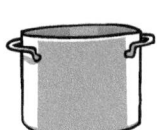

lonac
рондаль

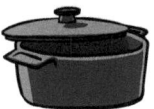

željezni lonac
чыгунок

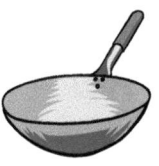

wok / kadai
Вок / кадаі

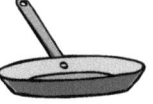

tava
патэльня

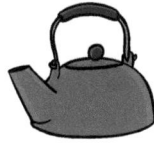

kuhalo za vodu
чайнік

kuhalo na paru

параварка

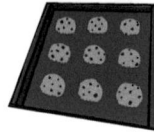

lim za pečenje

бляха

posuđe

посуд

čaša

кубак

zdjela

міска

štapići za jelo

палачкі для ежы

kutljača

чарпак

lopatica

лапатачка

pjenjača

збівалка

sito za kuhanje

сіта для варэння

sito

сіта

ribež

тарка

mužar

ступка

roštilj

грыль

ognjište

вогнішча

daska

дошка

oklagija

качалка

vadičep

штопар

konzerva

бляшанка

otvarač konzervi

адкрывалка

krpa za lonac

прыхваткі

sudoper

ракавіна

četka

шчотка

spužva

губка

mikser

міксер

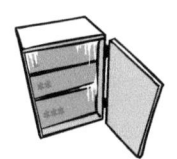

zamrzivač

маразільная камера

bočica za bebe

бутэлечка

slavina za vodu

вадаправодны кран

kupaonica

ванная

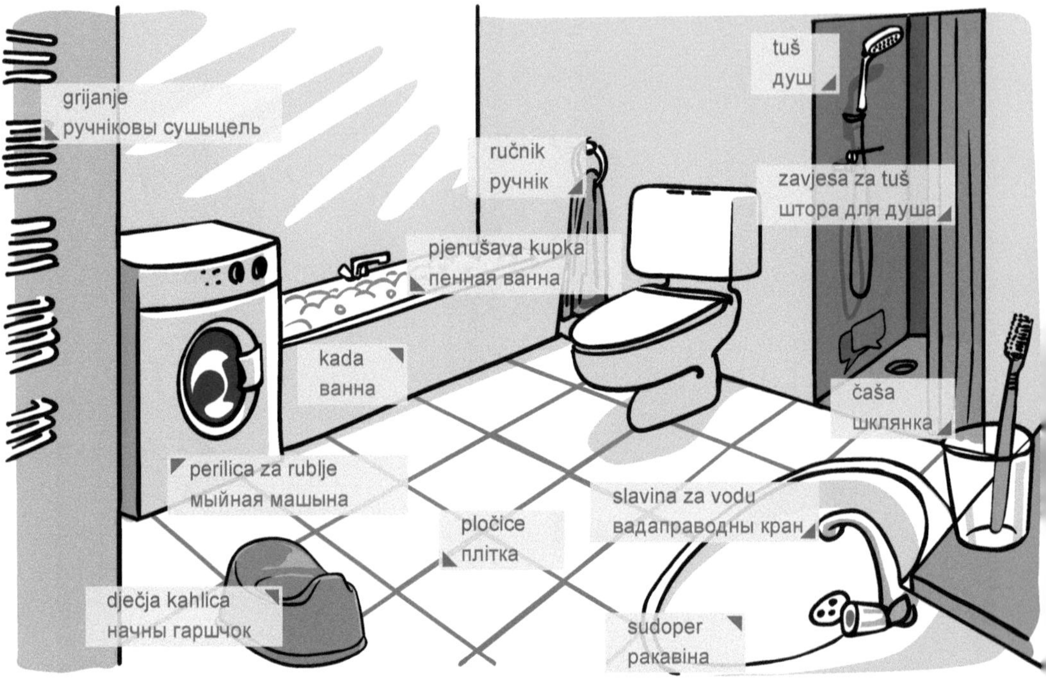

tuš
душ
grijanje
ручніковы сушыцель
ručnik
ручнік
zavjesa za tuš
штора для душа
pjenušava kupka
пенная ванна
kada
ванна
čaša
шклянка
perilica za rublje
мыйная машына
slavina za vodu
вадаправодны кран
pločice
плітка
dječja kahlica
начны гаршчок
sudoper
ракавіна

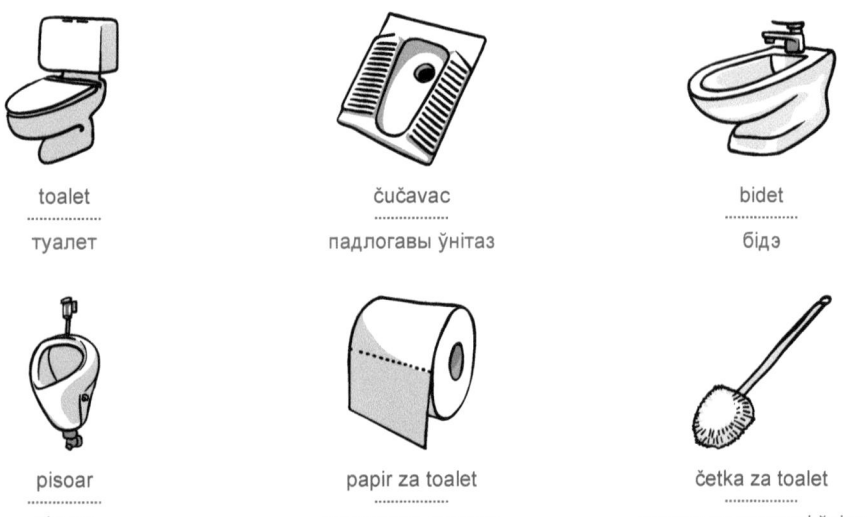

toalet

туалет

čučavac

падлогавы ўнітаз

bidet

бідэ

pisoar

пісуар

papir za toalet

туалетная папера

četka za toalet

шчотка для чысткі ўнітаза

četkica za zube

зубная шчотка

pasta za zube

зубная паста

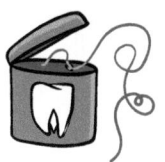

konac za zube

зубная нітка

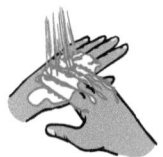

prati

мыць

tuš ručica

ручны душ

tuš za pranje intimnih dijelova

інтымны душ

lavor

умывальнік

četka za pranje leđa

шчотка для спіны

sapun

мыла

gel za tuširanje

гель для душа

šampon

шампунь

krpa za pranje

вяхотка

odvod

вадасцёк

krema

крэм

dezodorans

дэзадарант

ogledalo

люстэрка

kozmetičko ogledalo

касметычнае люстэрка

brijač

станок для галення

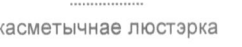

pjena za brijanje

пена для галення

losion za poslije brijanja

ласьён пасля галення

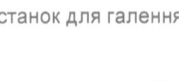

češalj

грэбень

četka

шчотка

sušilo za kosu

фен

sprej za kosu

лак для валасоў

makeup

касметыка

ruž za usne

памада

lak za nokte

лак для пазногцяў

vata

вата

škare za nokte

манікюрныя нажніцы

parfem

духі

neseser

касметычка

stolica

табурэтка

vaga

вагі

ogrtač

лазневы халат

rukavice za čišćenje

санітарныя пальчаткі

tampon

тампон

uložak

гігіенічныя пракладкі

kemijski toalet

біятуалет

dječija soba
дзіцячы пакой

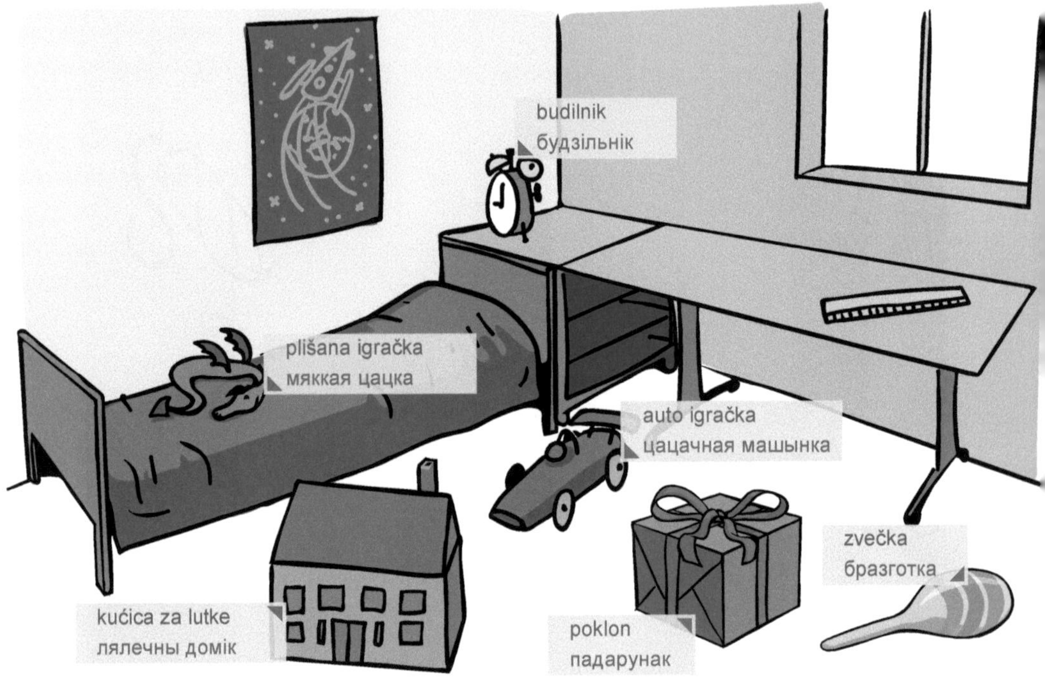
budilnik
будзільнік
plišana igračka
мяккая цацка
auto igračka
цацачная машынка
zvečka
бразготка
kućica za lutke
лялечны домік
poklon
падарунак

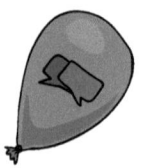

balon
надзіманы шарык

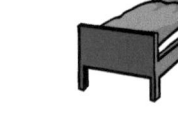

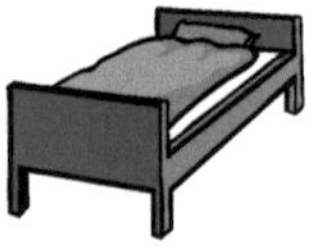

krevet
ложак

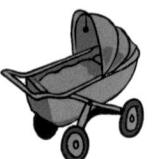

dječija kolica
дзіцячая каляска

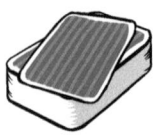

igra s kartama
калода картаў

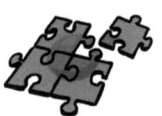

slagalica
пазл

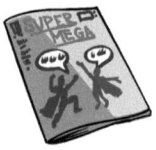

strip
комікс

lego kockice

канструктар "Лега"

kockice za slaganje

канструктар

akcioni junak

экшэн-фігурка

kombinezon za bebe

дзіцячы гарнітур

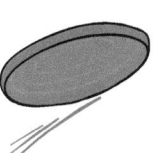

frizbi

фрызбі

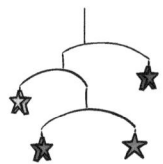

viseće igračke

дзіцячы мабіль

društvene igre

настольная гульня

kocka

кубік

minijaturna željeznica

дзіцячая чыгунка

duda

пустышка

tulum

дзіцячае свята

slikovnica

кніга з малюнкамі

lopta

мячык

lutka

лялька

igrati

гуляцца

pješčanik

пясочніца

ljuljačka

арэлі

igračka

цацкі

konzola za igre

гульнявая відэа прыстаўка

tricikl

трохколавы ровар

plišani medo

плюшавы мішка

ormar

шафа

odjeća

адзенне

kratke čarape

шкарпэткі

čarape

панчохі

hulahopke

калготкі

šal
шалік

kaiš
рамень

kišobran
парасон

t-shirt
цішотка

čizme
боты

patike
красоўкі

papuče
пантоплі

sandale
....
сандалі

cipele
....
абутак

gumene čizme
гумовыя боты

gaćice
....
трусы

grudnjak
....
бюстгальтар

potkošulja
....
майка

bodi

бодзі

hlače

штаны

džins

джынсы

haljina

спадніца

bluza

блузка

košulja

кашуля

džemper

джэмпер

pulover s kapuljačom

талстоўка

blejzer

блэйзер

jakna

куртка

kaput

паліто

kabanica

дажджавік

kostim

касцюм

haljina

сукенка

vjenčanica

вясельная сукенка

odijelo

касцюм

spavaćica

начная сарочка

pidžama

піжама

sari

сары

rubac

хустка

turban

цюрбан

burka

паранджа

kaftan

каптан

abaja

Абая

kupaći kostim

купальнік

kupaće gaćice

плаўкі

kratke hlače

шорты

odjeća za trening

спартыўны касцюм

pregača

фартух

rukavice

пальчаткі

gumb

гузік

naočale

акуляры

narukvica

бранзалет

ogrlica

каралі

prsten

кальцо

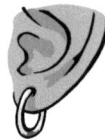

naušnica

завушніца

kapa

кепка

vješalica

вешалка

šešir

капялюш

kravata

гальштук

patent zatvarač

маланка

kaciga

шлем

naramenice

падцяжкі

školska uniforma

школьная форма

uniforma

уніформа

podbradak

нагруднік

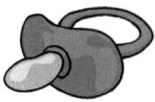

duda

пустышка

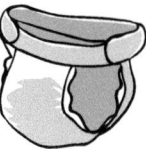

pelena

падгузнік

ured

офіс

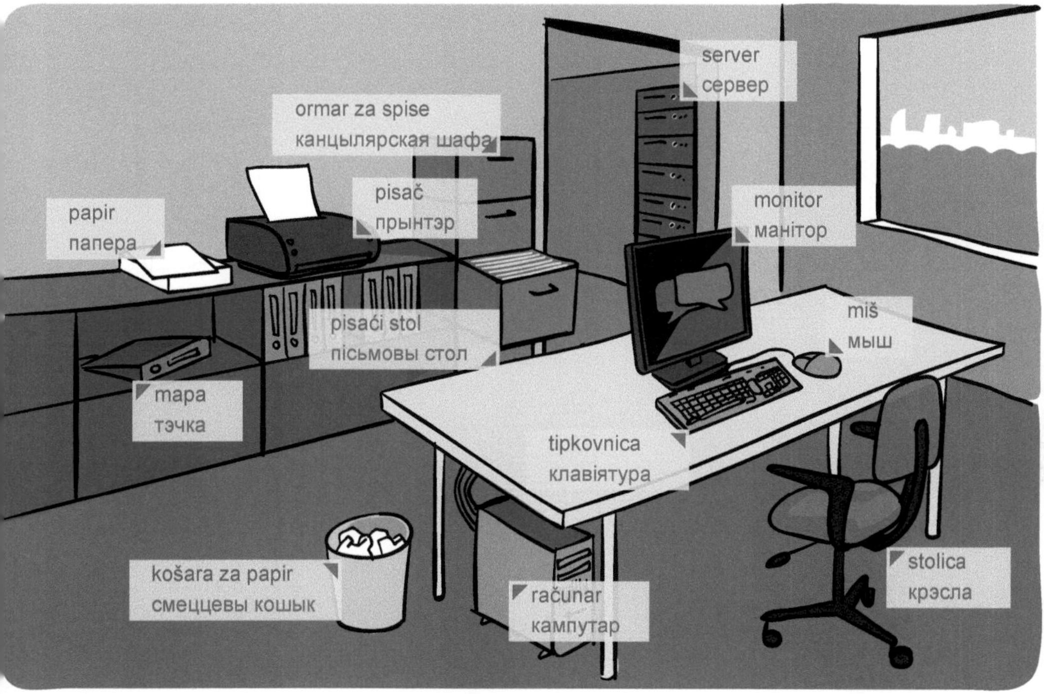

server
сервер

ormar za spise
канцылярская шафа

pisač
прынтэр

monitor
манітор

papir
папера

miš
мыш

pisaći stol
пісьмовы стол

mapa
тэчка

tipkovnica
клавіятура

košara za papir
смеццевы кошык

stolica
крэсла

računar
кампутар

šalica za kavu

кубак для кавы (філіжанка)

kalkulator

калькулятар

internet

інтэрнэт

laptop

ноўтбук

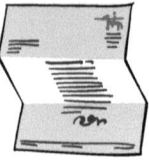

pismo

ліст

poruka

паведамленне

mobilni telefon

мабільны тэлефон

mreža

сетка

uređaj za kopiranje

ксеракс

softver

праграмнае забеспячэнне

telefon

тэлефон

utičnica

разетка

faks

факс

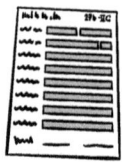

obrazac

фармуляр

dokument

дакумент

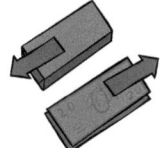

kupovati

купляць

platiti

плаціць

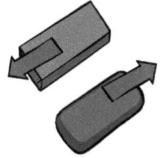

trgovati

гандляваць

novac

грошы

dolar

долар

euro

еўра

jen

ена

rubalj

рубель

švicarski franak

франк

renmindbi yuan

кітайскі юань

rupija

рупія

automat za novac

банкамат

mjenjačnica

абменны пункт

zlato

золата

srebro

срэбра

nafta

нафта

energija

энергія

cijena

цана

ugovor

кантракт

porez

падатак

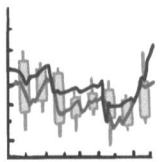

dionica

акцыя

raditi

працаваць

službenik

служачы

poslodavac

працадаўца

tvornica

фабрыка

prodavaonica

крама

zanimanja
прафесіі

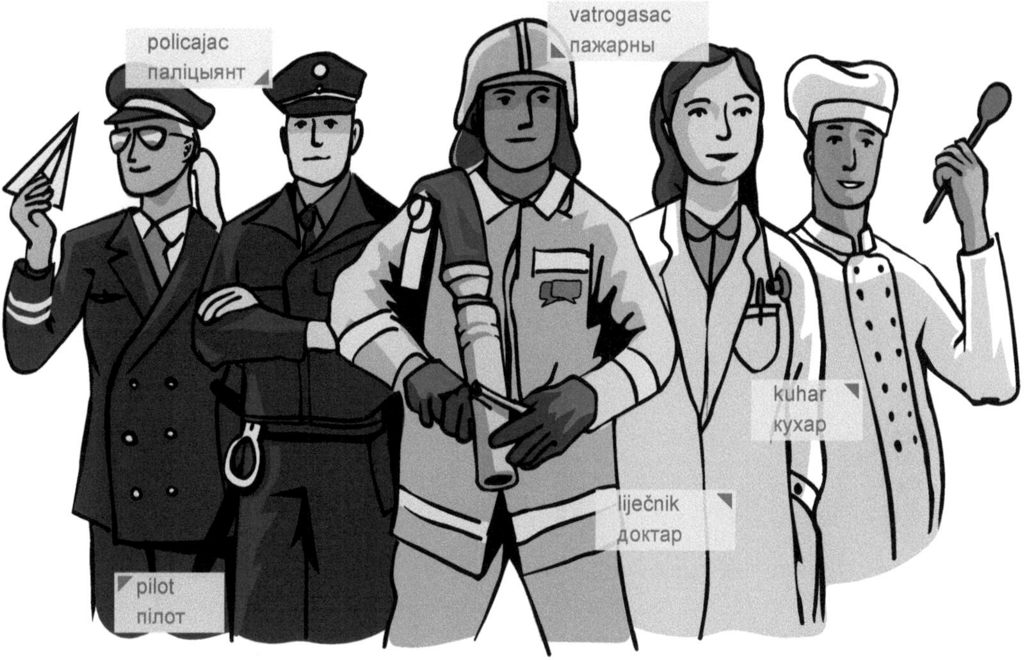
policajac
паліцыянт
vatrogasac
пажарны
kuhar
кухар
liječnik
доктар
pilot
пілот

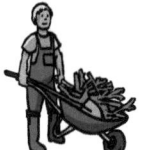

vrtlar

садоўнік

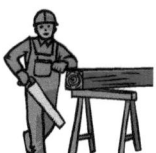

stolar

слесар

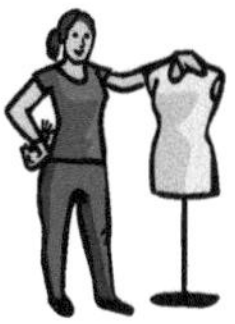

krojačica

швачка

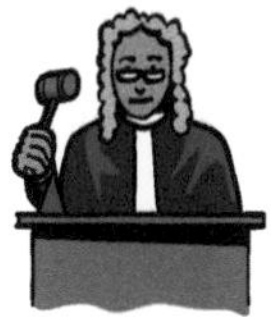

sudija

суддзя

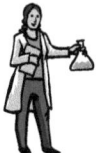

kemičar

хімік

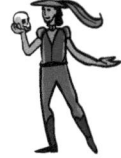

glumac

артыст

vozač autobusa

кіроўца аўтобуса

vozač taksija

таксіст

ribar

рыбак

čistačica

прыбіральшчыца

krovopokrivač

страхар

konobar

афіцыянт

lovac

паляўнічы

slikar

мастак

pekar

пекар

električar

электрык

građevinski radnik

будаўнік

inženjer

інжынер

mesar

мяснік

limar

сантэхнік

poštar

паштальён

vojnik

салдат

arhitekta

архітэктар

blagajnik

касір

cvjećar

фларыст

frizer

цырульнік

kondukter

кандуктар

mehaničar

механік

kapetan

капітан

zubar

стаматолаг

znanstvenik

вучоны

rabi

рабін

imam

імам

monah

манах

svećenik

святар

alati
інструменты

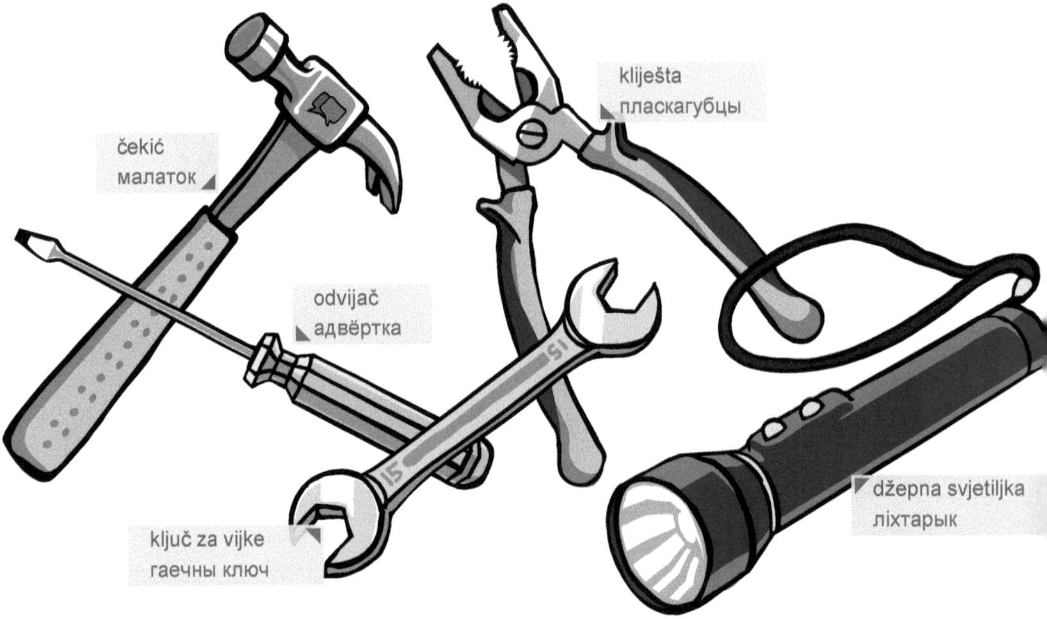
čekić
малаток
kliješta
пласкагубцы
odvijač
адвёртка
ključ za vijke
гаечны ключ
džepna svjetiljka
ліхтарык

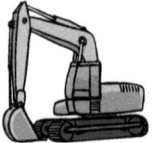

rovokopač

экскаватар

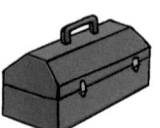

kutija za alat

скрыня для інструментаў

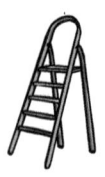

ljestve

дравіны

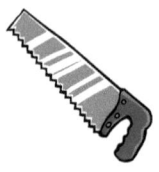

pila

піла

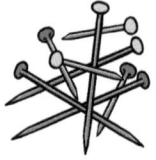

ekser

цвікі

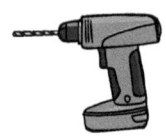

bušilica

дрыль

popraviti

рамантаваць

lopata

рыдлеўка

Sranje!

Халера!

lopatica

шуфлік для смецця

lonac za boju

вядро з фарбаю

vijci

балты

glazbeni instrument
музычныя інструменты

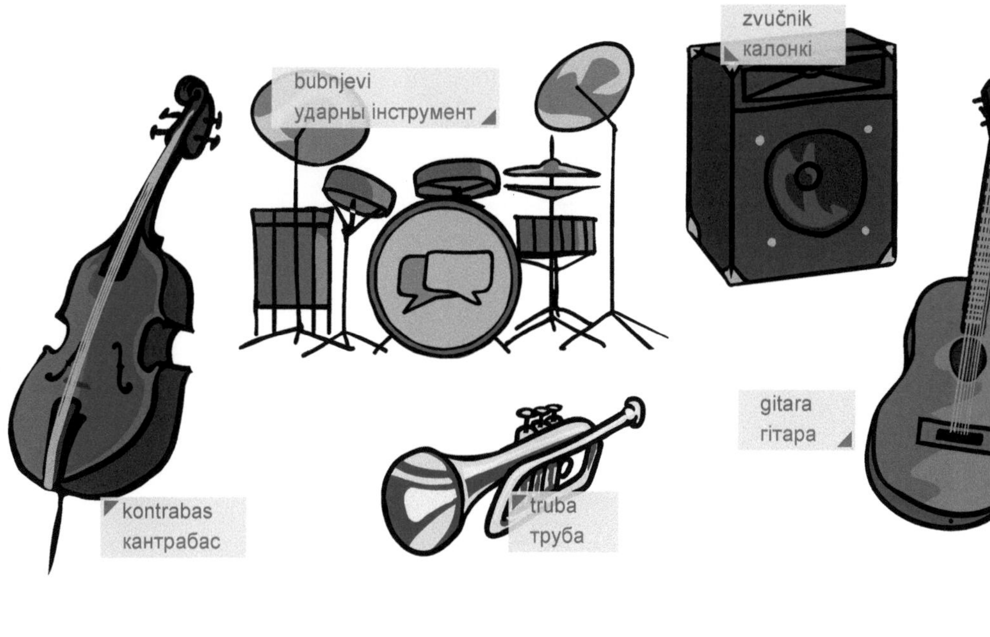

bubnjevi
ударны інструмент

zvučnik
калонкі

kontrabas
кантрабас

truba
труба

gitara
гітара

klavir

піяніна

violina

скрыпка

bas

басгітара

timpani

літаўры

udaraljke za bubnjeve

барабан

keyboard

клавішны электрамузычны
інструмент

saksofon

саксафон

flauta

флейта

mikrofon

мікрафон

zoološki vrt

заапарк

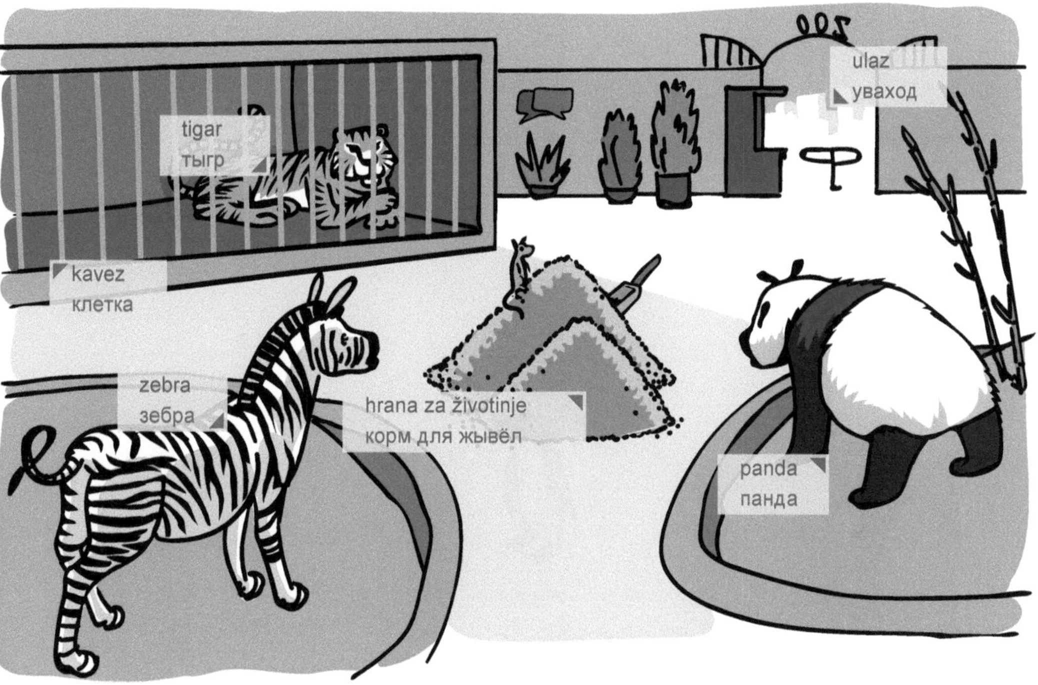
ulaz
уваход
tigar
тыгр
kavez
клетка
zebra
зебра
hrana za životinje
корм для жывёл
panda
панда

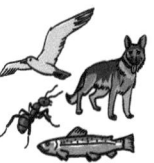

životinje

жывёлы

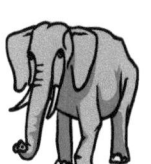

slon

слон

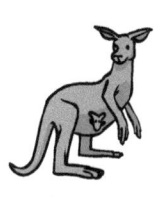

kengur

кенгуру

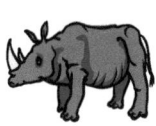

nosorog

насарог

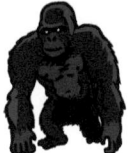

gorila

гарыла

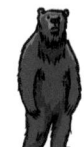

medvjed

мядзведзь

kamila

вярблюд

noj

стравус

lav

леў

majmun

малпа

flamingo

фламінга

papagaj

папугай

polarni medvjed

белы мядзведзь

pingvin

пінгвін

ajkula

акула

paun

паўлін

zmija

змяя

krokodil

кракадзіл

čuvar u zoološkom vrtu

наглядчык заапарка

tuljan

цюлень

jaguar

ягуар

poni
поні

leopard
леапард

nilski konj
бегемот

žirafa
жыраф

orao
арол

divlja svinja
дзік

riba
рыбак

kornjača
чарапаха

morž
морж

lisica
ліса

gazela
газель

američki nogomet
амерыканскі футбол

biciklizam
веласпорт

tenis
тэніс

košarka
баскетбол

plivanje
плаванне

boks
бокс

hockey na ledu
хакей з шайбай

nogomet
футбол

badminton
бадмінтон

atletika
лёгкая атлетыка

rukomet
гандбол

skijanje
горныя лыжы

polo
пола

skočiti
скакаць

zagrliti
абдымаць

smijati se
смяяцца

ići
iсці

pjevati
спяваць

sanjati
марыць

moliti se
маліцца

poljubiti
цалаваць

pisati	crtati	pokazati
пісаць	маляваць	паказваць

gurati	dati	uzeti
націснуць	даваць	браць

imati

маць

činiti

выконваць

biti

быць

stojati

стаяць

trčati

бегчы

povlačiti

цягнуць

baciti

кідаць

padati

падаць

ležati

ляжаць

čekati

чакаць

nositi

насіць

sjediti

сядзець

oblačiti

апранацца

spavati

спаць

probuditi se

прачынацца

gledati

глядзець

plakati

плакаць

milovati

лашчыць

češljati

прычэсвацца

govoriti

гаварыць

razumjeti

разумець

pitati

пытаць

slušati

чуць

piti

піць

jesti

есці

pospremiti

прыбіраць

voljeti

кахаць

kuhati

гатаваць

voziti

ехаць

letjeti

лятаць

ploviti

плаваць пад ветразем

računati

лічыць

čitati

чытаць

učiti

вучыць

raditi

працаваць

vjenčati se

уступаць у шлюб

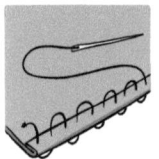

šiti

шыць

prati zube

чысціць зубы

ubiti

забіваць

pušiti

курыць

poslati

пасылаць

obitelj

сям'я

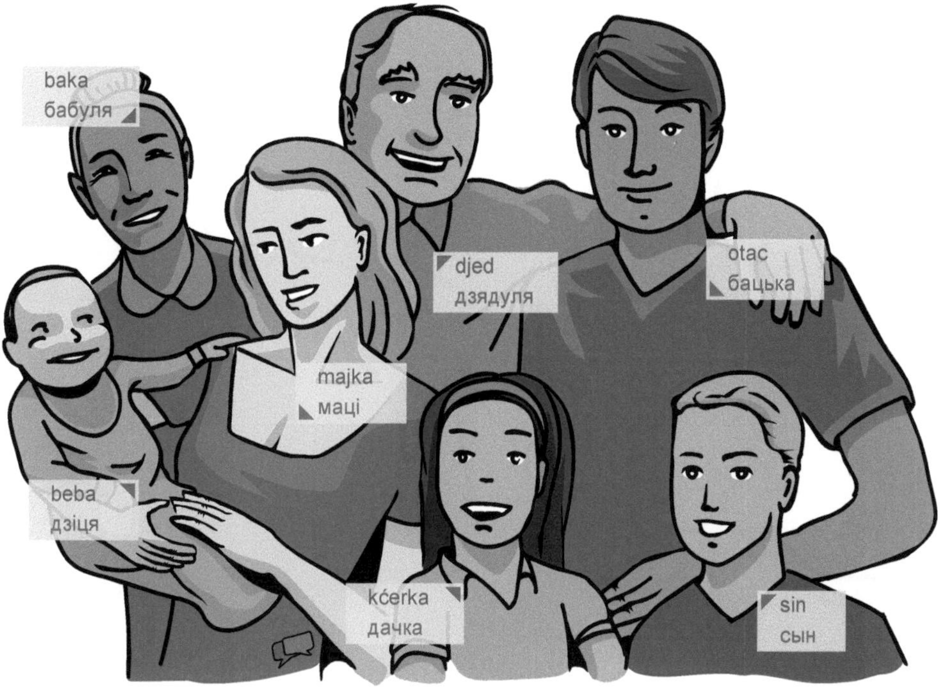

baka
бабуля
djed
дзядуля
otac
бацька
majka
маці
beba
дзіця
kćerka
дачка
sin
сын

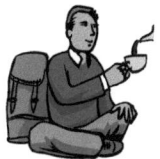

gost
госць

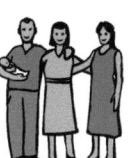

tetka
цётка

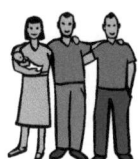

ujak, stric
дзядзька

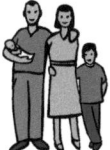

brat
брат

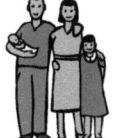

sestra
сястра

tijelo

цела

čelo
лоб
oko
вока
rame
плячо
prst
палец
lice
твар
brada
падбародак
ruka
рука
noga
нага
grudi
грудзі
ruka
рука

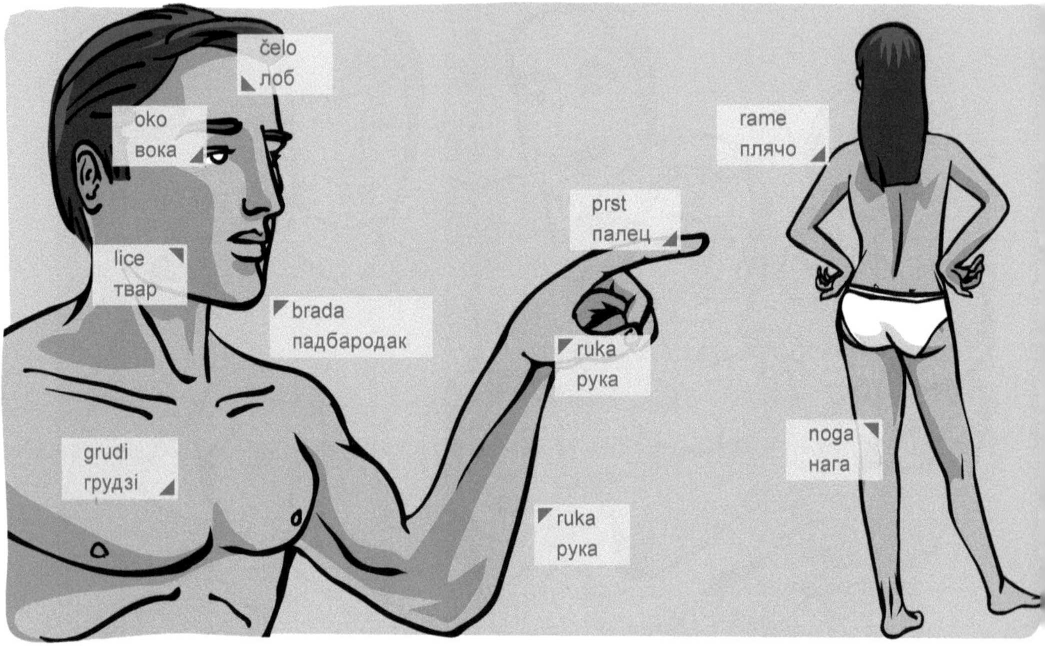

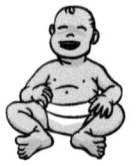

beba

дзіця

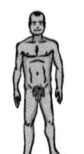

muškarac

мужчына

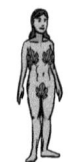

žena

жанчына

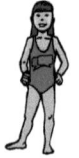

djevojčica

дзяўчынка

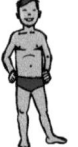

dječak

хлопчык

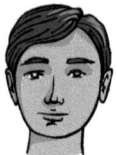

glava

галава

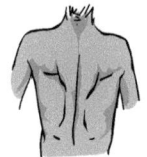

leđa

спіна

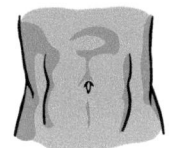

trbuh

жывот

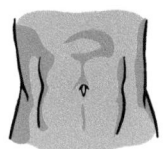

pupak

пуп

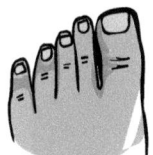

nožni prst

палец нагі

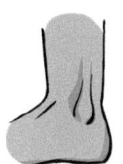

peta

пятка

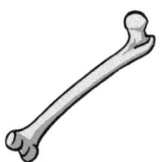

kost

костка

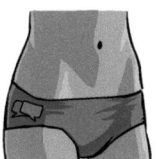

kuk

бядро

koljeno

калена

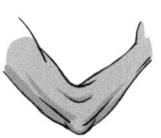

lakat

локаць

nos

нос

stražnjica

ягадзіца

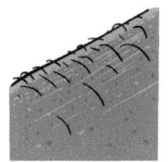

koža

скура

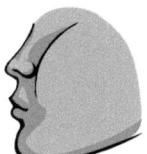

obraz

шчака

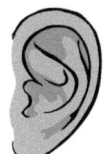

uho

вуха

usna

губа

usta

рот

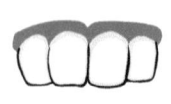

zub

зуб

jezik

язык

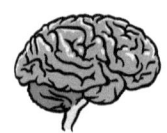

mozak

галаўны мозг

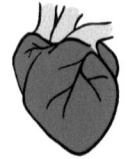

srce

сэрца

mišić

мышца

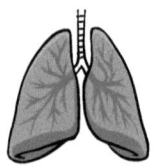

pluća

лёгкае

jetra

пячонка

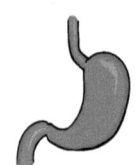

želudac

страўнік

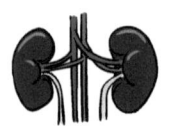

bubrezi

ныркі

snošaj

сэкс

kondom

прэзерватыў

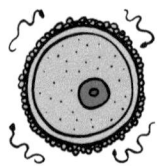

jajna stanica

яйцаклетка

sperma

сперма

trudnoća

цяжарнасць

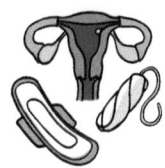

menstruacija

менструацыя

vagina

похва

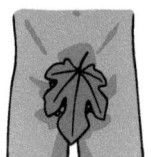

penis

пеніс

obrva

брыво

kosa

valаsы

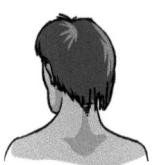

vrat

шыя

bolnica
шпіталь

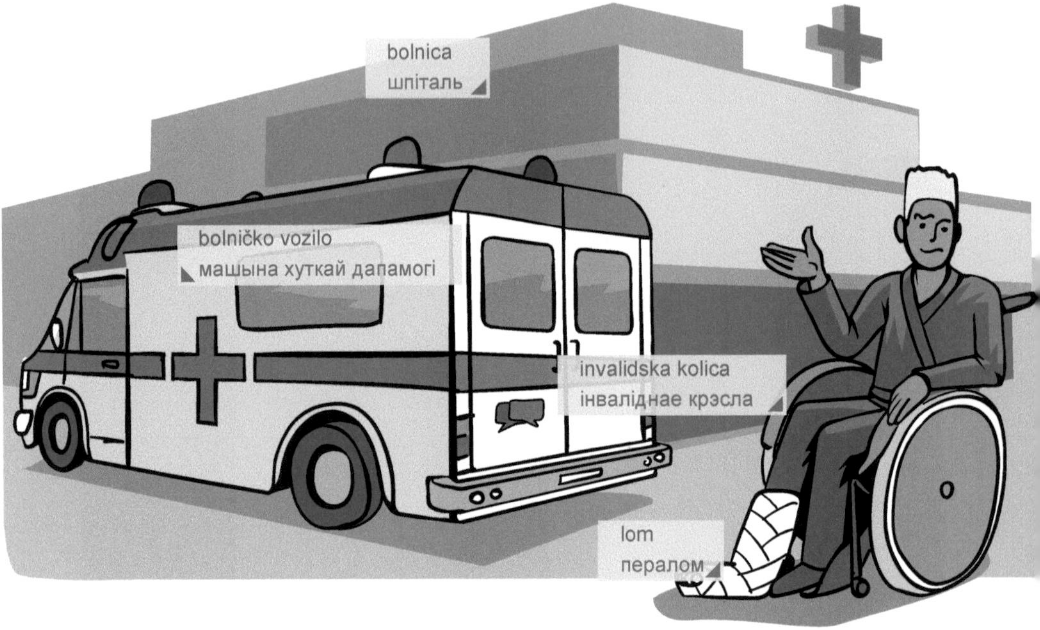

bolnica
шпіталь
bolničko vozilo
машына хуткай дапамогі
invalidska kolica
інваліднае крэсла
lom
пералом

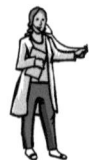

liječnik
доктар

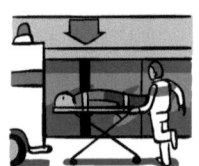

hitna medicinska služba
аддзяленне першай дапамогі

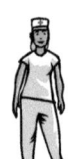

medicinska sestra
медсястра

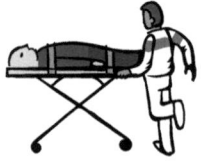

hitni slučaj
экстраная дапамога

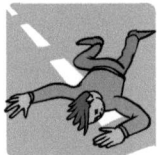

nesvijest
непрытомны

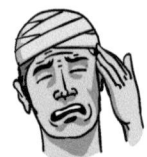

bol
боль

ozljeda

траўма

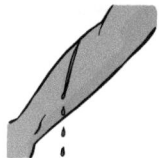

krvarenje

крывацёк

srćani infarkt

інфаркт

moždani udar

апаплексія

alergija

алергія

kašalj

кашаль

groznica

гарачка

gripa

грып

proljev

панос

glavobolja

галаўны боль

rak

рак

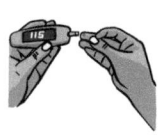

dijabetes

дыябет

kirurg

хірург

skalpel

скальпель

operacija

аперацыя

ct
KT

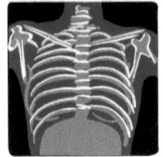

rentgen
рэнтген

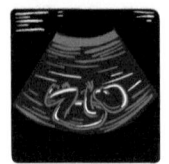

ultrazvuk
ультрагук

maska
маска

bolest
хвароба

čekaonica
пачакальня

štaka
мыліца

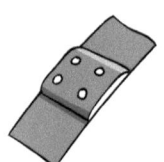

flaster
пластыр

zavoj
бінт

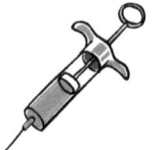

injekcija
ін'екцыя

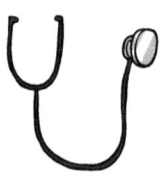

stetoskop
стэтаскоп

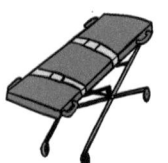

nosilo
насілкі

termometar
градуснік

rođenje
нараджэнне

prekomjerna težina
лішняя вага

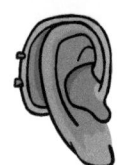

slušni aparat

слухавы апарат

sredstvo za dezinfekciju

дэзінфекцыйны сродак

infekcija

інфекцыя

virus

вірус

hiv / sida

ВІЧ/СНІД

medicina

лекі

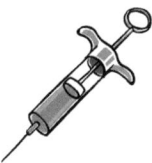

vakcinacija

прышчэпка

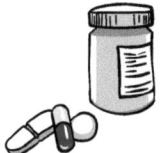

tablete

таблеткі

pilula

супрацьзачаткавая
таблетка

poziv u pomoć

экстраны выклік

uređaj za mjerenje tlaka

танометр

bolesno / zdravo

хворы / здаровы

pomoć!

Ратуйце!

alarm

сігналізацыя

nasrtaj

напад

napad

атака

opasnost

небяспека

izlaz za nuždu

аварыйны выхад

požar!

Пажар!

vatrogasni aparat

вогнетушыцель

nezgoda

аварыя

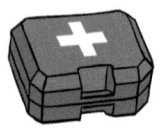

kofer prve pomoći

аптэчка

sos

СОС

policija

паліцыя

Europa

Еўропа

sjeverna amerika

Паўночная Амерыка

južna amerika

Паўднёвая Амерыка

Afrika

Афрыка

Azija

Азія

Australija

Аўстралія

Atlantik

Атлантычны акіян

Pacifik

Ціхі акіян

ocean

Індыйскі акіян

antarktički ocean

Паўднёвы ледавіты акіян

arktički ocean

Паўночны ледавіты акіян

sjeverni pol

Паўночны полюс

južni pol

Паўднёвы полюс

Antarktik

Антарктыда

zemlja

Зямля

zemlja

краіна

more

мора

otok

востраў

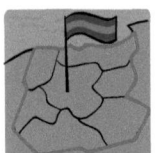

nacija

нацыя

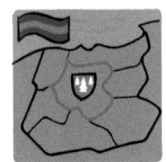

država

дзяржава

brojčanik sata

цыферблат

satna kazaljka

гадзінная стрэлка

minutna kazaljka

хвілінная стрэлка

sekundna kazaljka

секундная стрэлка

Koliko je sati?

Колькі часу?

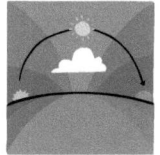

dan

дзень

vrijeme

час

sada

зараз

digitalni sat

электронны гадзіннік

minuta

хвіліна

sat

гадзіна

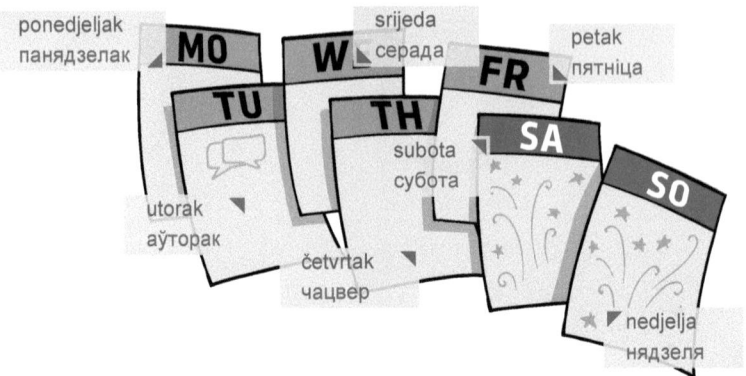

ponedjeljak
панядзелак

srijeda
серада

petak
пятніца

utorak
аўторак

subota
субота

četvrtak
чацвер

nedjelja
нядзеля

jučer
ўчора

danas
сёння

sutra
заўтра

jutro
раніца

podne
абед

večer
вечар

MO	TU	WE	TH	FR	SA	SU
1	2	3	4	5	6	7
8	9	10	11	12	13	14
15	16	17	18	19	20	21
22	23	24	25	26	27	28
29	30	31	1	2	3	4

radni dani
працоўныя дні

MO	TU	WE	TH	FR	SA	SU
1	2	3	4	5	6	7
8	9	10	11	12	13	14
15	16	17	18	19	20	21
22	23	24	25	26	27	28
29	30	31	1	2	3	4

vikend
выхадныя

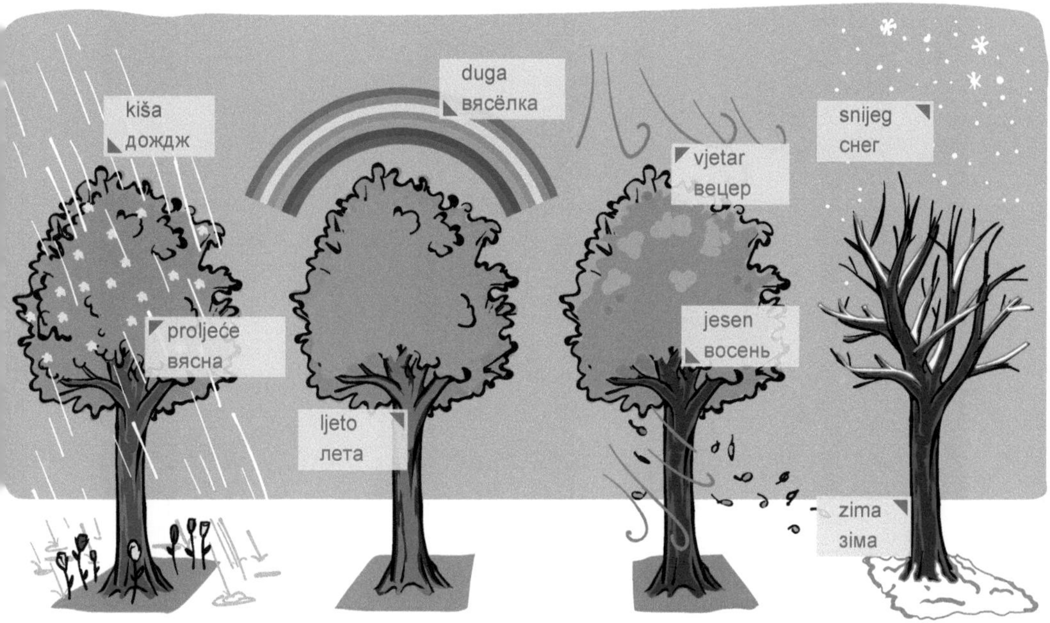

kiša
дождж
duga
вясёлка
vjetar
вецер
snijeg
снег
proljeće
вясна
jesen
восень
ljeto
лета
zima
зіма

4.APRIL 11°
5.APRIL 4°
6.APRIL 13°
7.APRIL 8°
8.APRIL 10°

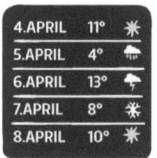

meteorološka prognoza

прагноз надвор'я

F
C

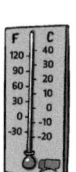

termometar

градуснік

sunčana svjetlost

сонечнае святло

oblak

воблака

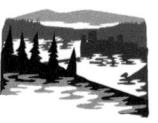

magla

туман

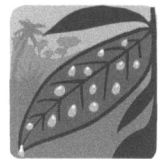

vlažnost zraka

вільготнасць паветра

munja

маланка

grmljavina

гром

oluja

бура

tuča

град

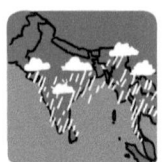

monsun

мусонны вецер

poplava

прыліў

led

лёд

siječanj

студзень

veljača

люты

ožujak

сакавік

travanj

красавік

svibanj

май

lipanj

чэрвень

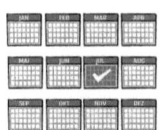

srpanj

ліпень

kolovoz

жнівень

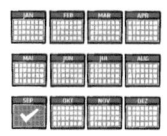

rujan
....
верасень

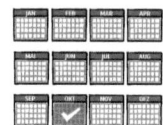

listopad
....
кастрычнік

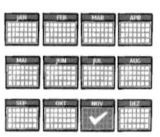

studeni
....
лістапад

prosinac
....
снежань

oblici
формы

krug
....
круг

kvadrat
....
квадрат

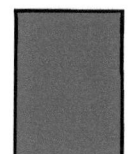

pravokutnik
....
прамавугольнік

trokut
....
трохвугольнік

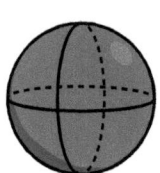

kugla
....
шар

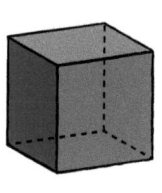

kocka
....
куб

bijela

белы

žuta

жоўты

narančasta

аранжавы

ružičasta

ружовы

crvena

чырвоны

ljubičasta

фіялетавы

plava

сіні

zelena

зялёны

smeđa

карычневы

siva

шэры

crna

чорны

mnogo / malo

шмат / мала

ljutito / mirno

злы / добры

lijepo / ružno

прыгожы / брыдкі

početak / kraj

пачатак / канец

veliko / maleno

высокі / малы

svijetlo / tamno

светлы / цёмны

brat / sestra

сястра / брат

čisto / prljavo

чысты / брудны

potpuno / nepotpuno

поўны / няпоўны

dan / noć

дзень / ноч

mrtvo / živo

мёртвы / жывы

široko / usko

шырокі / вузкі

jestivo / nejestivo

ядомы / неядомы

zlo / dobro

злы / добры

uzbuđeno / dosadno

узбуджаны / нудны

debelo / mršavo

тоўсты / тонкі

na početku / na kraju

першы / апошні

prijatelj / neprijatelj

сябар / вораг

puno / prazno

поўны / пусты

tvrdo / mekano

цвёрды / мяккі

teško / lagano

важкі / лёгкі

glad / žeđ

голад / смага

bolesno / zdravo

хворы / здаровы

ilegalno / legalno

нелегальны / легальны

pametno / glupo

разумны / дурны

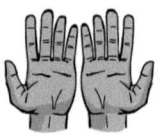

lijevo / desno

левы / правы

blizu / daleko

побач / далёка

novo / rabljeno

новы / былы ва ўжыванні

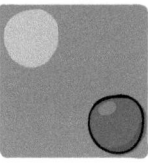

ništa / nešto

нічога / нешта

staro / mlado

стары / малады

uključeno / isključeno

укл / выкл

otvoreno / zatvoreno

адчынены / зачынены

tiho / glasno

ціхі / гучны

bogato / siromašno

багаты / бедны

točno / pogrešno

правільна / няправільна

hrapavo / glatko

шурпаты / гладкі

tužno / sretno

сумны / шчаслівы

kratko / dugo

кароткі / доўгі

polako / brzo

павольны / хуткі

mokro / suho

вільготны / сухі

toplo / hladno

цёплы / халаднаваты

rat / mir

вайна / мір

brojevi

лічбы

0

nula

нуль

1

jedan

адзін

2

dva

два

3

tri

тры

4

četiri

чатыры

5

pet

пяць

6

šest

шэсць

7

sedam

сем

8

osam

восем

9

devet

дзевяць

10

deset

дзесяць

11

jedanaest

адзінаццаць

12

dvanaest

дванаццаць

13

trinaest

трынаццаць

14

četrnaest

чатырнаццаць

15

petnaest

пятнаццаць

16

šestnaest

шаснаццаць

17

sedamnaest

сямнаццаць

18

osamnaest

васямнаццаць

19

devetnaest

дзевятнаццаць

20

dvadeset

дваццаць

100

stotinu

сто

1.000

tisuću

тысяча

1.000.000

milijun

мільён

engleski

англійская

američko engleski

англійская (Амерыка)

kinesko mandarinski

кітайская мандарынская

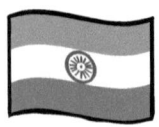

hindi

хіндзі

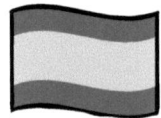

španjolski

іспанская

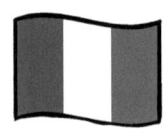

francuski

французская

arapski

арабская

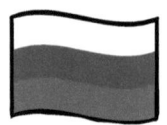

ruski

руская

portugalski

партугальская

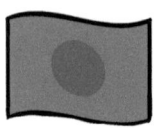

bengalski

бенгальская

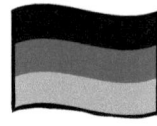

njemački

нямецкая

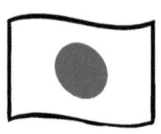

japanski

японская

ja
....
я

ti
....
ты

on / ona / ono
....
ён / яна / яно

mi
....
мы

vi
....
вы

oni
....
яны

tko?
....
хто?

što?
....
што?

kako?
....
як?

gdje?
....
дзе?

kada?
....
калі?

ime
....
імя

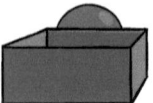

iza

за

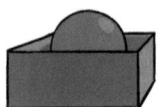

u

у

ispred

перад

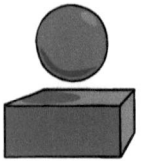

preko

над

na

на

ispod

пад

pored

каля

između

паміж

mjesto

месца